Baptiste's Christmas Song: Bilingual French-English Christmas Stories

Pomme Bilingual

Published by Pomme Bilingual, 2024.

While every precaution has been taken in the preparation of this book, the publisher assumes no responsibility for errors or omissions, or for damages resulting from the use of the information contained herein.

BAPTISTE'S CHRISTMAS SONG: BILINGUAL FRENCH-ENGLISH CHRISTMAS STORIES

First edition. November 15, 2024.

Copyright © 2024 Pomme Bilingual.

ISBN: 979-8230998945

Written by Pomme Bilingual.

Table of Contents

Un Noël pour Emmeline 1

A Christmas for Emmeline 5

Les Illuminations de Victor 9

Victor's Christmas Lights 13

La Promesse d'Aurélie..17

Aurélie's Promise 21

Le Chant de Noël de Baptiste 25

Baptiste's Christmas Song 29

Les Étoiles de Camille 33

Camille's Stars..37

Le Secret de Mademoiselle Jeanne 41

Mademoiselle Jeanne's Secret 45

Les Vœux...49

The Wishes 53

La Dernière Nuit de Madame Renard 57

Madame Renard's Last Night 61

Un Noël pour Emmeline

———

Emmeline Leroy, une fleuriste au cœur de Paris, est bien connue dans son quartier pour ses compositions florales de Noël : des couronnes élégantes et des bouquets qui transforment n'importe quel foyer en un véritable havre de fête. Dans sa petite boutique parfumée de la rue des Rosiers, Emmeline arrange avec amour ses créations, et ses clients fidèles reviennent chaque année pour se procurer un peu de magie de Noël. Mais cette année, Emmeline s'apprête à vivre une fête de Noël bien différente de ce qu'elle avait imaginé.

Le 23 décembre, alors qu'elle termine de préparer les dernières commandes, elle remarque un homme debout devant la vitrine, regardant fixement les bouquets illuminés par les guirlandes. Elle reconnaît M. Bernard, un retraité qui vit seul depuis le décès de sa femme. Ses enfants habitent à l'étranger, et il ne parle jamais de ses fêtes de Noël. Touchée, Emmeline l'invite à entrer.

« M. Bernard ! Vous avez l'air gelé dehors, entrez donc, un peu de thé pour vous réchauffer ? »

Avec un sourire timide, M. Bernard accepte. Alors qu'ils discutent, une cliente entre à son tour. C'est Léa, une jeune infirmière qui vient souvent acheter des fleurs pour les patients dont elle s'occupe. Épuisée par ses longues journées, elle soupire en se posant sur un tabouret.

« Oh, Emmeline, je n'aurai même pas le temps de fêter Noël cette année... je dois travailler le soir du réveillon. »

Emmeline, en écoutant Léa, a une idée. Pourquoi ne pas organiser un petit Noël dans la boutique, pour tous ceux qui, comme eux, sont seuls pendant les fêtes ? Elle propose l'idée à M. Bernard et Léa, et tous deux acquiescent, touchés par sa gentillesse.

Le 24 décembre au matin, Emmeline décide de transformer son espace en véritable petit salon de Noël. Elle décore la boutique avec des branches de sapin, des bougies, et bien sûr, des couronnes et des bouquets scintillants. Elle prépare également un buffet de petites douceurs – des chocolats, des tranches de pain d'épice, des clémentines, et même du vin chaud qu'elle a soigneusement mijoté.

Les invités commencent à arriver l'un après l'autre, tous des clients qu'Emmeline avait croisés sans jamais connaître leurs histoires. Il y a Ahmed, un chauffeur de taxi récemment arrivé du Maroc, qui n'a pas de famille ici et découvre pour la première fois les fêtes de fin d'année en France. Ensuite, Hélène, une bibliothécaire un peu excentrique avec une passion pour les romans policiers, qui a toujours été discrète mais accepte l'invitation avec enthousiasme. Il y a aussi Philippe, un étudiant en art timide, qui ne connaît personne dans la ville.

Bientôt, la boutique d'Emmeline est remplie de rires, de conversations animées, et d'une chaleur humaine réconfortante. M. Bernard, habituellement si silencieux, partage des anecdotes de son enfance en Normandie. Léa raconte ses histoires les plus drôles de l'hôpital, et Ahmed fait goûter à tout le monde des pâtisseries marocaines qu'il a apportées. Philippe, encouragé par l'ambiance, montre quelques croquis qu'il a faits de Paris sous la neige, et tout le monde l'applaudit.

Emmeline, elle, observe cette scène avec un sourire ému. Sa boutique, ce soir-là, est devenue un lieu d'accueil, de partage, et d'amitié. Elle n'a pas de famille proche pour célébrer Noël, mais ce groupe improvisé lui rappelle que la famille peut être créée, parfois, dans les endroits les plus inattendus.

Lorsque l'horloge sonne minuit, chacun échange des vœux chaleureux et s'embrasse. Ils repartent finalement dans la nuit froide, le cœur léger et rempli de cette chaleur partagée. Emmeline ferme la porte de sa boutique avec un sourire satisfait, se promettant de renouveler ce petit Noël l'année suivante.

Ce Noël pour Emmeline n'avait pas été planifié, mais il restera sans doute le plus beau qu'elle ait jamais connu.

A Christmas for Emmeline

Emmeline Leroy, a florist in the heart of Paris, is well known in her neighborhood for her Christmas floral arrangements: elegant wreaths and bouquets that turn any home into a festive haven. In her small, fragrant shop on Rue des Rosiers, Emmeline lovingly arranges her creations, and her loyal customers return every year to buy a bit of Christmas magic. But this year, Emmeline is about to experience a Christmas quite different from what she had imagined.

On December 23rd, as she finishes preparing the last orders, she notices a man standing in front of the window, staring intently at the bouquets illuminated by the Christmas lights. She recognizes Mr. Bernard, a retired man who has been living alone since the death of his wife. His children live abroad, and he never speaks of his Christmases. Touched, Emmeline invites him inside.

"Mr. Bernard! You look frozen out there, come in and have some tea to warm up?"

With a shy smile, Mr. Bernard agrees. As they talk, a customer enters. It's Léa, a young nurse who often buys flowers for the patients she cares for. Exhausted from her long shifts, she sighs as she sits on a stool.

"Oh, Emmeline, I won't even have time to celebrate Christmas this year... I have to work on Christmas Eve."

Listening to Léa, Emmeline has an idea. Why not organize a little Christmas in the shop, for everyone who, like them, will be alone during the holidays? She suggests the idea to Mr. Bernard and Léa, and both of them agree, touched by her kindness.

On the morning of December 24th, Emmeline decides to transform her shop into a cozy little Christmas parlor. She decorates the space with fir branches, candles, and, of course, sparkling wreaths and bouquets. She also prepares a buffet of treats – chocolates, slices of gingerbread, clementines, and even mulled wine that she has carefully simmered.

The guests begin to arrive one by one, all customers Emmeline had met but never knew their stories. There's Ahmed, a taxi driver who recently arrived from Morocco and has no family here, experiencing the Christmas holidays in France for the first time. Then, Hélène, an eccentric librarian with a passion for detective novels, who has always been quiet but accepts the invitation with enthusiasm. Also, Philippe, a shy art student who doesn't know anyone in the city.

Soon, Emmeline's shop is filled with laughter, animated conversations, and the comforting warmth of human connection. Mr. Bernard, usually so quiet, shares stories from his childhood in Normandy. Léa tells the funniest stories from the hospital, and Ahmed shares Moroccan pastries he brought with him for everyone to taste. Philippe, encouraged by the atmosphere, shows some sketches he made of Paris under the snow, and everyone applauds.

Emmeline, watching this scene with a moved smile, realizes that her shop, that evening, has become a place of welcome, sharing, and friendship. She has no close family to celebrate Christmas with, but this impromptu group reminds her that family can sometimes be made in the most unexpected places.

When the clock strikes midnight, everyone exchanges warm wishes and hugs. They eventually head out into the cold night, their hearts light and filled with the warmth they shared. Emmeline closes the door of her shop with a satisfied smile, promising herself to repeat this little Christmas the following year.

This Christmas for Emmeline wasn't planned, but it will undoubtedly remain the most beautiful one she has ever known.

Les Illuminations de Victor

———

Victor Morel, un ancien professeur d'histoire à Lille, vivait dans un grand appartement aux murs tapissés de livres. Depuis le décès de sa femme, Anne, l'année dernière, il se sentait perdu, comme s'il avait laissé une part de lui-même s'éteindre. Noël approchait, mais pour lui, la saison des fêtes ne faisait qu'accentuer le vide dans sa vie. Il passait ses journées dans un silence pesant, ses souvenirs d'Anne devenant ses seuls compagnons.

Un matin de décembre, en allant chercher son courrier, il croisa la maire du village, Mme Dubois. Elle connaissait bien Victor et l'avait souvent vu participer activement aux événements du village quand Anne était encore là. Voyant l'ombre de tristesse qui planait sur lui, elle eut une idée.

« Victor, je pensais justement à vous ! Nous avons besoin de quelqu'un pour superviser l'installation des illuminations de Noël dans le village. Les bénévoles ne suffisent pas cette année, et vous avez toujours eu un talent pour organiser. Qu'en pensez-vous ? »

Surpris, Victor hésita. S'occuper des illuminations de Noël ? Cela semblait si futile dans son état actuel. Pourtant, une petite voix au fond de lui le poussa à accepter. Peut-être que cela l'aiderait à sortir de sa torpeur.

Le lendemain, Victor se retrouva dehors, emmitouflé dans une vieille écharpe, à observer les guirlandes et les décorations entassées sur le parvis de la mairie. Les bénévoles arrivèrent peu à peu, un groupe hétéroclite de jeunes et de moins jeunes, chacun apportant son énergie et sa bonne humeur. Il y avait Chloé, une adolescente pleine de vie qui n'arrêtait pas de rire, et M. Lefèvre, le boulanger, qui proposait sans cesse du chocolat chaud pour réchauffer tout le monde.

Petit à petit, Victor se surprit à prendre plaisir à cette mission. Il donnait des conseils, organisait les équipes, décidait des emplacements des guirlandes et des lumières. Il avait toujours eu un œil pour les détails, et cette aptitude se révélait utile pour créer une harmonie dans les illuminations. En dirigeant l'équipe, il retrouvait peu à peu son assurance d'autrefois.

Une après-midi, alors qu'ils installaient la grande étoile en haut du sapin de la place, Chloé, la jeune bénévole, s'approcha de Victor et lui demanda : « Vous aviez l'habitude de faire ça, monsieur Morel ? On dirait que vous avez l'œil pour la fête. »

Victor sourit tristement, pensant à Anne. « Non, mais... ma femme adorait Noël. C'était elle qui décorait tout dans la maison. Elle disait toujours que les lumières rendaient le monde moins sombre. »

Touchée, Chloé resta un instant silencieuse, puis prit la main de Victor et lui sourit avec compassion. À cet instant, il ressentit une chaleur inattendue, comme si le simple fait de partager un souvenir de son épouse avait allégé un peu le poids sur son cœur.

Les jours passaient et, avec l'aide de l'équipe, le village se transforma. Les ruelles étaient désormais éclairées de mille lumières scintillantes, les vitrines brillaient de guirlandes, et le grand sapin trônait au centre de la place, majestueux sous son manteau d'ornements et d'étoiles. Victor regardait son œuvre avec fierté. Le village avait pris des airs de conte de fées.

Le soir de l'inauguration, les habitants se rassemblèrent pour admirer les illuminations. Les enfants couraient, émerveillés, et les adultes échangeaient des rires et des histoires de Noël. Victor, debout à l'écart, observait cette scène avec un mélange de nostalgie et de bonheur. La douleur de l'absence d'Anne ne disparaissait pas, mais il sentait que quelque chose en lui avait changé.

Mme Dubois s'approcha et posa une main sur son épaule. « Merci, Victor. Vous avez offert au village un magnifique Noël. »

Victor, les yeux brillants, répondit simplement : « Non, c'est le village qui m'a offert quelque chose. »

Ce Noël-là, il comprit que, même si certaines blessures ne guérissaient jamais complètement, la chaleur des autres et la beauté des petits gestes pouvaient aider à alléger le fardeau. En se connectant à sa communauté, il avait retrouvé une part de lui-même qu'il pensait perdue.

Alors qu'il rentrait chez lui ce soir-là, entouré par les lumières qui éclairaient les rues, Victor se sentit moins seul. Les illuminations de Noël n'étaient plus seulement des décorations pour lui, mais le symbole d'une nouvelle lumière dans sa vie, née de l'amitié et de la résilience.

Victor's Christmas Lights

Victor Morel, a retired history teacher from Lille, lived in a large apartment with walls lined with books. Since the passing of his wife, Anne, the previous year, he had felt lost, as though a part of him had gone out with her. Christmas was approaching, but for him, the holiday season only emphasized the emptiness in his life. He spent his days in a heavy silence, with his memories of Anne as his only companions.

One December morning, as he went to collect his mail, he crossed paths with the village mayor, Mrs. Dubois. She knew Victor well and had often seen him actively involved in village events when Anne was still by his side. Noticing the shadow of sadness hanging over him, she had an idea.

"Victor, I was just thinking of you! We need someone to supervise the installation of the Christmas lights in the village. The volunteers aren't enough this year, and you've always had a talent for organizing. What do you think?"

Surprised, Victor hesitated. Supervising Christmas lights? It seemed so trivial in his current state. Yet, a small voice deep inside him urged him to accept. Maybe it would help him break free from his stupor.

The next day, Victor found himself outside, wrapped in an old scarf, watching the garlands and decorations piled up in front of the town hall. The volunteers began to arrive, a mixed group of young and old, each bringing their energy and good cheer. There was Chloé, a lively teenager who couldn't stop laughing, and Mr. Lefèvre, the baker, who kept offering hot chocolate to warm everyone up.

Little by little, Victor began to find enjoyment in this task. He gave advice, organized the teams, decided where the garlands and lights should go. He had always had an eye for details, and this skill proved useful in creating harmony among the decorations. As he led the team, he slowly regained his former confidence.

One afternoon, as they were installing the large star atop the Christmas tree in the square, Chloé, the young volunteer, approached Victor and asked, "Did you used to do this, Mr. Morel? You seem to have an eye for festivities."

Victor smiled sadly, thinking of Anne. "No, but... my wife loved Christmas. She was the one who decorated everything in the house. She always said that the lights made the world less dark."

Touched, Chloé stood silent for a moment, then took Victor's hand and smiled at him with compassion. In that moment, he felt an unexpected warmth, as though simply sharing a memory of his wife had lightened the weight on his heart.

The days passed, and with the help of the team, the village transformed. The narrow streets were now lit with a thousand sparkling lights, the shop windows glowed with garlands, and the grand tree stood proudly in the center of the square, majestic under its coat of ornaments and stars. Victor looked at his work with pride. The village now resembled a fairy tale.

On the evening of the inauguration, the villagers gathered to admire the lights. Children ran, amazed, and the adults exchanged laughter and Christmas stories. Victor, standing to the side, watched the scene with a mix of nostalgia and happiness. The pain of Anne's absence didn't disappear, but he felt that something within him had changed.

Mrs. Dubois approached and placed a hand on his shoulder. "Thank you, Victor. You've given the village a beautiful Christmas."

Victor, his eyes bright, simply replied, "No, it's the village that has given me something."

That Christmas, he understood that even though some wounds never completely heal, the warmth of others and the beauty of small gestures could help lighten the burden. By reconnecting with his community, he had rediscovered a part of himself that he thought was lost.

As he made his way home that evening, surrounded by the lights that illuminated the streets, Victor felt less alone. The Christmas lights were no longer just decorations to him, but a symbol of a new light in his life, born from friendship and resilience.

La Promesse d'Aurélie

Aurélie Lefèvre, artiste peintre habitant à Montmartre, menait une vie tranquille, presque invisible, au cœur des ruelles pavées et des toits parisiens. Enveloppée dans une solitude qu'elle chérissait autant qu'elle la redoutait, elle passait ses journées dans son petit atelier baigné de lumière, entourée de toiles inachevées, de pinceaux, et de tubes de peinture étalés en désordre. L'hiver approchait, et avec lui, les lumières de Noël qui envahissaient les rues, réveillant en elle des souvenirs enfouis.

Un souvenir en particulier revenait chaque année, aussi vif que douloureux : celui d'un Noël passé avec Claire, une amie qu'elle avait aimée profondément et perdue brutalement. Claire, son âme sœur, sa compagne d'aventures artistiques et de nuits étoilées, qui voyait le monde avec une intensité que seuls les poètes et les rêveurs possédaient. Elles avaient partagé des rêves, des rires, et cette promesse de se retrouver chaque Noël, peu importe où la vie les mènerait. Mais le destin avait décidé autrement, et Claire n'était plus là pour tenir cette promesse.

Cette année, Aurélie se sentait encore plus mélancolique. Elle errait dans son atelier, perdue dans ses pensées, ses yeux se posant distraitement sur une toile blanche, comme si elle attendait que l'inspiration lui soit dictée par un murmure du passé. Elle s'assit devant la toile, son pinceau suspendu dans l'air, incertaine de ce qu'elle voulait peindre. Ce n'était pas seulement une peinture qu'elle voulait créer, mais un hommage, une tentative de capturer l'essence de Claire, de donner forme à l'absence.

À mesure que les jours passaient, elle se laissait emporter par une série de gestes et de coups de pinceaux presque instinctifs, peignant des paysages d'hiver et des visages flous qui semblaient surgir de la brume. Elle peignait des lumières tamisées, des fenêtres éclairées d'une chaleur réconfortante, et des rues désertes couvertes de neige – des fragments de souvenirs mélangés à des touches de nostalgie et de rêverie. Sa palette était douce et mélancolique, empreinte de bleus glacés et de gris feutrés, traversée parfois par des éclats d'or pâle qui semblaient surgir de la nuit.

Chaque jour, Aurélie revenait sur la toile, comme si elle pouvait, à force de détails, faire revivre ces instants partagés avec Claire, ces conversations qui flottaient encore dans l'air de son atelier. Elle s'enfonçait dans une introspection profonde, cherchant à comprendre ce que signifiait vraiment cette amitié, pourquoi elle persistait en elle, pourquoi elle ne pouvait ni la laisser partir, ni en apaiser le chagrin.

Un soir de décembre, alors que la neige tombait silencieusement sur Montmartre, elle s'arrêta enfin devant sa toile achevée. Le tableau lui renvoyait une image à la fois familière et étrange : une rue déserte éclairée par un réverbère, et au loin, une silhouette semblant s'éloigner, à la fois proche et insaisissable. Elle comprit alors que cette peinture n'était pas une représentation de Claire, mais une projection de ce que cette absence représentait pour elle. Cette silhouette, c'était peut-être elle-même, se laissant doucement aller à l'idée de tourner la page, de chérir le souvenir sans s'y perdre.

L'acte de peindre avait été pour elle une forme de voyage intérieur, un chemin vers l'acceptation. Elle ressentit alors une étrange paix, comme si cette toile était sa manière de tenir la promesse qu'elles s'étaient faite : se retrouver, d'une certaine manière, chaque Noël, même si c'était dans le silence de son propre cœur.

Lorsque les premiers rayons du matin pénétrèrent son atelier, illuminant la toile d'une lueur douce, Aurélie se surprit à sourire. Elle avait compris que certaines absences restent en nous, non pas pour nous blesser, mais pour nous rappeler l'importance des instants partagés. La solitude, qu'elle avait toujours perçue comme un poids, lui paraissait soudainement moins oppressante. Elle laissait place à une sorte de beauté, une élégance discrète qui transformait la tristesse en un sentiment de gratitude.

Ce Noël, Aurélie ne serait pas entourée de rires ni de cadeaux, mais elle se sentait apaisée, comme si, à travers ses souvenirs et ses peintures, Claire était là, quelque part, dans la lumière douce de son atelier. Et pour la première fois depuis longtemps, Aurélie se sentit prête à avancer, emportant avec elle la mémoire de Claire, non pas comme une blessure, mais comme une part d'elle-même, un éclat de lumière dans l'hiver de son cœur.

Aurélie's Promise

Aurélie Lefèvre, a painter living in Montmartre, led a quiet, almost invisible life amidst the cobblestone streets and Parisian rooftops. Enveloped in solitude, which she cherished as much as she feared it, she spent her days in her small, sun-drenched studio, surrounded by unfinished canvases, brushes, and tubes of paint scattered in disorder. Winter was approaching, and with it, the Christmas lights that filled the streets, awakening buried memories.

One memory in particular resurfaced every year, as vivid as it was painful: a Christmas spent with Claire, a friend she had loved deeply and lost suddenly. Claire, her soulmate, her companion in artistic adventures and starry nights, who saw the world with an intensity possessed only by poets and dreamers. They had shared dreams, laughter, and the promise to reunite every Christmas, no matter where life would take them. But fate had decided otherwise, and Claire was no longer there to keep that promise.

This year, Aurélie felt even more melancholic. She wandered through her studio, lost in thought, her eyes resting distractedly on a blank canvas, as if she was waiting for inspiration to be whispered to her from the past. She sat down before the canvas, her paintbrush suspended in the air, uncertain of what she wanted to paint. It wasn't just a painting she wanted to create, but a tribute, an attempt to capture the essence of Claire, to give form to absence.

As the days passed, she let herself be carried away by a series of almost instinctive gestures and brushstrokes, painting winter landscapes and blurry faces that seemed to emerge from the mist. She painted dimmed lights, windows glowing with a comforting warmth, and empty streets covered in snow—fragments of memories mixed with touches of nostalgia and daydreams. Her palette was soft and melancholic, filled with icy blues and muted grays, occasionally pierced by pale golden bursts that seemed to emerge from the night.

Every day, Aurélie returned to the canvas, as if, through details, she could bring back those moments shared with Claire, those conversations that still lingered in the air of her studio. She sank into deep introspection, trying to understand what this friendship really meant, why it persisted within her, why she couldn't let it go, nor ease the grief.

One December evening, as the snow silently fell over Montmartre, she finally stopped before her finished canvas. The painting reflected back at her an image both familiar and strange: a deserted street lit by a streetlamp, and in the distance, a figure seemingly walking away, both close and elusive. She realized then that this painting wasn't a representation of Claire, but a projection of what this absence meant to her. The figure might have been herself, slowly coming to terms with the idea of turning the page, cherishing the memory without losing herself in it.

The act of painting had been an inner journey, a path toward acceptance. She then felt a strange peace, as if this canvas was her way of keeping the promise they had made: to reunite, in some way, each Christmas, even if it was only in the silence of her own heart.

When the first rays of morning sunlight entered her studio, casting a soft glow on the canvas, Aurélie found herself smiling. She had understood that some absences stay within us, not to hurt us, but to remind us of the importance of shared moments. Solitude, which she had always seen as a burden, suddenly seemed less oppressive. It made space for a kind of beauty, a subtle elegance that transformed sadness into a feeling of gratitude.

This Christmas, Aurélie would not be surrounded by laughter or gifts, but she felt at peace, as though, through her memories and paintings, Claire was there, somewhere, in the soft light of her studio. And for the first time in a long while, Aurélie felt ready to move forward, carrying Claire's memory with her, not as a wound, but as a part of herself, a spark of light in the winter of her heart.

Le Chant de Noël de Baptiste

———

Baptiste Marchand, un jeune musicien lyonnais, passait ses journées dans l'ombre des grands bâtiments de la ville, son violon entre les mains, cherchant des pièces de monnaie dans les poches des passants pressés. L'hiver était rude cette année-là, le vent glacial soufflait dans les rues pavées, mais Baptiste ne se laissait pas abattre. Noël approchait, et avec lui, l'espoir, aussi fragile soit-il, de voir sa musique trouver une place dans le monde. Mais pour l'instant, sa musique n'était qu'un murmure dans les couloirs du métro, une mélodie éphémère à peine écoutée par les voyageurs qui se pressaient, absorbés dans leurs pensées.

Chaque soir, Baptiste s'installait sur le quai d'une station de métro, le regard fixé sur le flux des silhouettes qui dévalaient les escaliers. Il jouait, toujours un peu plus fort, espérant que sa musique attirerait l'attention. Parfois, quelqu'un s'arrêtait, jetait quelques pièces dans son étui, mais souvent, les passants ne le remarquaient même pas. La solitude, le froid et les échos du métro semblaient se mélanger, créant une atmosphère d'impuissance douce, mais persistante.

Le 24 décembre, alors qu'il jouait « O Holy Night », la mélodie s'élevant dans l'air, une silhouette se dessina au bout du quai. Un homme en manteau sombre s'approcha lentement. Il s'arrêta devant Baptiste, écoutant quelques notes avant de lui adresser la parole d'une voix douce mais claire.

« Vous jouez merveilleusement bien », dit-il en souriant. « C'est Noël, et pourtant, il y a une tristesse dans votre musique, comme une mélancolie... »

Baptiste, surpris par l'attention de cet inconnu, le regarda sans répondre immédiatement. Il n'était pas habitué à ce genre de commentaires. Il jouait pour lui-même, ou peut-être pour les ombres qui, de temps en temps, s'arrêtaient pour l'écouter.

L'homme se présenta. « Je m'appelle Adrien, je suis pianiste. Vous savez, je vous ai entendu jouer quelques morceaux la semaine dernière. Vous avez un vrai don. »

Baptiste, un peu confus, se permit enfin un sourire timide. « Merci. Mais ce n'est pas vraiment... un don. C'est juste un peu de musique pour me réchauffer. »

Adrien se pencha alors un peu plus près et, d'un geste, désigna le violon de Baptiste. « Mais la musique, mon ami, c'est ce qui nous réchauffe vraiment, même dans le froid. Ce n'est pas seulement pour les autres, c'est pour nous-mêmes. Vous ne jouez pas pour les pièces de monnaie. Vous jouez pour quelque chose de bien plus grand. »

Les mots d'Adrien résonnèrent en lui. Baptiste se sentit comme un naufragé qui, soudain, trouvait une bouée de sauvetage. Peut-être n'était-il pas seul dans cette ville. Peut-être la musique pouvait-elle, un jour, être une lumière dans l'obscurité.

« Vous êtes musicien aussi ? » demanda Baptiste, intrigué.

Adrien sourit, son regard brillant d'une lueur chaleureuse. « Oui, et je joue un peu dans les bars, les clubs. Mais ma véritable passion, c'est d'apporter la musique là où elle n'est pas attendue, là où elle peut toucher les âmes, même les plus perdues. »

Les deux hommes échangèrent des sourires complices. Adrien invita Baptiste à le rejoindre pour une soirée musicale improvisée dans un café non loin de là. Là, il joua quelques pièces au piano, et Baptiste se joignit à lui avec son violon. Ensemble, ils créèrent des harmonies, des mélodies qui s'entrelacaient, formant une sorte de dialogue secret, comme une conversation intime entre deux musiciens qui se comprenaient sans avoir à parler.

La soirée passa dans une douce euphorie, les deux amis jouant sans relâche, leur musique remplissant la pièce d'une énergie nouvelle. Les clients du café se firent plus nombreux, attirés par la beauté du duo, et peu à peu, l'endroit se transforma en un lieu vivant, vibrant de cette magie que seule la musique peut créer.

Le lendemain matin, Baptiste se réveilla avec un sourire au cœur. Il n'était plus seul, il avait trouvé un ami, un partenaire, quelqu'un qui comprenait le pouvoir de la musique, la façon dont elle pouvait nous connecter, nous guérir, et nous emmener vers un avenir plus lumineux. Noël avait apporté quelque chose de bien plus précieux que des cadeaux ou des décorations : un moment de partage, de compréhension, et d'espoir.

Alors qu'il descendait dans le métro ce matin-là, son violon sous le bras, Baptiste ne se sentit plus invisible. La musique, il le savait désormais, n'était pas seulement là pour combler les silences. Elle était là pour les remplir de lumière, pour révéler la beauté cachée dans chaque note. Ce Noël-là, il avait trouvé une raison de croire, à nouveau, en ses rêves. Et pour la première fois depuis longtemps, il jouait, non pas pour les passants pressés, mais pour lui-même, avec l'espoir que son chant, sa musique, pourrait peut-être toucher d'autres âmes perdues, comme il avait touché la sienne.

Baptiste's Christmas Song

———

Baptiste Marchand, a young musician from Lyon, spent his days in the shadow of the city's grand buildings, his violin in hand, searching for spare change in the pockets of hurried passersby. The winter was harsh that year, with icy winds sweeping through the cobbled streets, but Baptiste didn't let it discourage him. Christmas was approaching, and with it, the fragile hope that his music might one day find its place in the world. But for now, his music was only a murmur in the subway corridors, a fleeting melody barely heard by the commuters, lost in their own thoughts.

Each evening, Baptiste would settle on the platform of a metro station, his eyes fixed on the stream of figures rushing down the stairs. He played, a little louder each time, hoping that his music would catch someone's attention. Sometimes, someone would stop and toss a coin into his case, but often, the passersby didn't even notice him. The solitude, the cold, and the echoes of the metro seemed to blend together, creating an atmosphere of gentle yet persistent helplessness.

On Christmas Eve, as he played "O Holy Night," the melody rising into the air, a figure appeared at the end of the platform. A man in a dark coat approached slowly. He stopped in front of Baptiste, listening to a few notes before speaking in a soft but clear voice.

"You play wonderfully," he said, smiling. "It's Christmas, and yet, there's a sadness in your music, almost like a melancholy..."

Baptiste, surprised by the attention of this stranger, looked at him without answering immediately. He wasn't used to such comments. He played for himself, or perhaps for the shadows that sometimes stopped to listen.

The man introduced himself. "My name is Adrien, I'm a pianist. You know, I heard you play a few pieces last week. You have a real gift."

Baptiste, a little confused, allowed himself a shy smile. "Thank you. But it's not really... a gift. It's just some music to warm me up."

Adrien leaned a little closer and, with a gesture, indicated Baptiste's violin. "But music, my friend, is what truly warms us, even in the cold. It's not just for others, it's for ourselves. You're not playing for the coins. You're playing for something much greater."

Adrien's words resonated with Baptiste. He felt like a castaway suddenly finding a lifeline. Perhaps he wasn't alone in this city. Perhaps music could, one day, be a light in the darkness.

"Are you a musician too?" Baptiste asked, intrigued.

Adrien smiled, his eyes gleaming with a warm light. "Yes, I play in bars and clubs. But my true passion is bringing music to places where it's not expected, where it can touch souls, even the most lost ones."

The two men exchanged knowing smiles. Adrien invited Baptiste to join him for an impromptu musical evening at a nearby café. There, he played a few pieces on the piano, and Baptiste joined him with his violin. Together, they created harmonies, melodies intertwining, forming a kind of secret dialogue, like an intimate conversation between two musicians who understood each other without needing to speak.

The evening passed in a soft euphoria, the two friends playing relentlessly, their music filling the room with a new energy. The café's customers grew in number, drawn by the beauty of the duo, and little by little, the place transformed into a lively spot, vibrant with the magic that only music can create.

The next morning, Baptiste woke up with a smile in his heart. He was no longer alone; he had found a friend, a partner, someone who understood the power of music, how it could connect us, heal us, and lead us toward a brighter future. Christmas had brought something much more precious than gifts or decorations: a moment of sharing, of understanding, and of hope.

As he descended into the metro that morning, his violin under his arm, Baptiste no longer felt invisible. Music, he now knew, wasn't just there to fill the silences. It was there to fill them with light, to reveal the beauty hidden in each note. That Christmas, he had found a reason to believe, once again, in his dreams. And for the first time in a long while, he played, not for the hurried passersby, but for himself, with the hope that his song, his music, might touch other lost souls, just as it had touched his own.

Les Étoiles de Camille

Camille Lemoine était une jeune astronome pleine de rêves et de curiosité. Depuis son enfance, elle avait toujours regardé les étoiles avec une fascination sans fin. Elle imaginait que derrière chaque lumière scintillante se cachait une histoire, une aventure, un mystère à résoudre. Mais ce Noël-là, il y avait un rêve particulier qui la portait : observer la nuit de Noël depuis un observatoire perché sur une montagne, loin du tumulte de la ville, entourée par le silence de l'univers.

Le vent soufflait doucement au sommet de la montagne, où Camille s'était installée seule dans l'observatoire. De là, la vue était imprenable : des cieux d'une profondeur infinie s'étendaient devant elle, parsemés d'étoiles comme des perles suspendues dans le vide. Les lumières des villes, bien loin en bas, semblaient aussi éloignées que les étoiles elles-mêmes. Camille avait toujours aimé ce contraste entre la chaleur des foyers et la froideur des cieux. Ce soir-là, pourtant, quelque chose de magique flottait dans l'air.

Alors qu'elle réglait ses instruments, un bruit léger, presque imperceptible, se fit entendre. Camille se tourna et aperçut une silhouette qui s'approchait de l'observatoire. Une famille, visiblement venue pour observer les étoiles aussi, s'arrêta près de la porte. Le père, une grande silhouette emmitouflée dans un manteau, sourit à Camille.

« Nous espérions que l'observatoire serait ouvert ce soir, » dit-il d'une voix chaleureuse. « C'est un Noël un peu particulier pour nous. »

Camille les invita à entrer. La famille, composée de deux enfants, une petite fille aux yeux brillants de curiosité et un garçon plus âgé qui tenait un petit télescope, semblait émerveillée par l'immensité du ciel. Le père expliqua qu'ils avaient décidé de passer Noël à la montagne pour échapper à la routine et se rapprocher de l'univers, un lieu où ils se sentaient plus proches les uns des autres, loin des distractions de la vie quotidienne.

« C'est la première fois que nous venons ici, » ajouta la mère avec un sourire. « Nous voulions que nos enfants puissent voir Noël d'une manière différente, en ressentant quelque chose de plus grand que nous. »

Camille, touchée par leur douceur et leur ouverture, les guida vers l'observatoire. Ensemble, ils scrutèrent le ciel, partageant des moments de silence pendant que Camille leur expliquait les constellations visibles cette nuit-là. Les enfants, émerveillés, se pressaient contre la vitre, les yeux grands ouverts, comme si l'univers tout entier s'offrait à eux.

Au fur et à mesure que la nuit avançait, le ciel devenait de plus en plus clair, les étoiles brillant de mille feux, et la famille, en silence, semblait fusionner avec l'immensité céleste. Les discussions étaient rares, mais les sourires étaient fréquents. Camille se rendit compte qu'elle n'avait jamais partagé un tel moment avec quelqu'un. Ses observations solitaires, ses nuits passées dans le silence des étoiles, semblaient soudainement moins complètes.

« Vous savez, » dit le père, les yeux tournés vers une constellation brillante, « il y a quelque chose d'extraordinaire à regarder les étoiles à Noël. Ça nous fait penser à tout ce qu'il y a de plus grand, de plus merveilleux que nous. »

Camille acquiesça en silence. Elle savait exactement ce qu'il voulait dire. À travers les étoiles, elle avait toujours cherché quelque chose, une réponse, un sens, une lumière. Mais ce soir-là, elle réalisait que parfois, les réponses ne viennent pas des cieux. Elles viennent des gens que l'on rencontre, des moments partagés.

La petite fille, dont les yeux brillaient d'émerveillement, se tourna vers Camille et lui demanda avec une voix douce : « Penses-tu que les étoiles voient Noël, comme nous ? »

Camille sourit, émue par la simplicité et la profondeur de la question. « Peut-être qu'elles voient tout, » répondit-elle doucement. « Peut-être qu'elles nous regardent avec bienveillance, comme nous les regardons, avec l'espoir de trouver un peu de magie. »

La nuit passa, remplie de rires et de découvertes, chacun observant à sa manière les merveilles célestes. Les enfants, fascinés par la lune, pointaient du doigt les cratères, tandis que le père racontait des histoires anciennes sur les étoiles, des légendes qu'il avait apprises dans sa jeunesse. La mère, quant à elle, s'était assise sur un banc, les yeux perdus dans la voie lactée, semblant se laisser envelopper par la magie de l'instant.

Quand minuit arriva, Camille ressentit une sérénité profonde. Elle se rendit compte que ce Noël, elle n'était pas seule à regarder les étoiles. Ce moment partagé avec cette famille, ces êtres humains si proches et pourtant si différents, avait apporté une chaleur insoupçonnée à son cœur. Les étoiles, ces lointaines gardiennes de l'univers, étaient là pour tous, mais ce soir-là, elles avaient réuni deux mondes : celui de Camille, l'astronome solitaire, et celui de cette famille en quête de lumière.

Et dans ce silence paisible, sous les cieux étincelants de Noël, Camille sut que parfois, les plus grandes découvertes ne sont pas celles des étoiles, mais celles des connexions humaines que l'on établit, si fugaces et pourtant infiniment précieuses.

Camille's Stars

Camille Lemoine was a young astronomer full of dreams and curiosity. Since her childhood, she had always looked at the stars with endless fascination. She imagined that behind each twinkling light, there was a story, an adventure, a mystery waiting to be solved. But this Christmas, there was one particular dream that carried her: to observe Christmas night from an observatory perched on a mountain, far from the hustle and bustle of the city, surrounded by the silence of the universe.

The wind blew gently at the mountain's peak, where Camille had settled alone in the observatory. From there, the view was breathtaking: skies of infinite depth stretched before her, dotted with stars like pearls suspended in the void. The lights of the cities far below seemed as distant as the stars themselves. Camille had always loved this contrast between the warmth of homes and the coldness of the heavens. Yet that night, something magical floated in the air.

As she adjusted her instruments, a faint sound, almost imperceptible, reached her ears. Camille turned and saw a figure approaching the observatory. A family, evidently there to observe the stars as well, stopped near the door. The father, a tall figure wrapped in a coat, smiled at Camille.

"We were hoping the observatory would be open tonight," he said warmly. "This is a rather special Christmas for us."

Camille invited them inside. The family, consisting of two children, a young girl with sparkling eyes full of curiosity and an older boy holding a small telescope, seemed mesmerized by the vastness of the sky. The father explained that they had decided to spend Christmas in the mountains to escape the routine and draw closer to the universe, a place where they felt closer to each other, far from the distractions of everyday life.

"It's our first time here," the mother added with a smile. "We wanted our children to see Christmas in a different way, to feel something greater than us."

Touched by their kindness and openness, Camille guided them towards the observatory. Together, they gazed at the sky, sharing moments of silence as Camille explained the constellations visible that night. The children, awestruck, pressed their faces to the glass, their eyes wide open, as if the whole universe were offering itself to them.

As the night went on, the sky grew clearer, the stars shining brightly, and the family, in silence, seemed to merge with the celestial vastness. Conversations were rare, but smiles were frequent. Camille realized she had never shared such a moment with anyone. Her solitary observations, her nights spent in the silence of the stars, suddenly seemed incomplete.

"You know," the father said, his eyes fixed on a bright constellation, "there's something extraordinary about looking at the stars on Christmas. It makes us think of everything that's bigger, more wonderful than we are."

Camille nodded in silence. She knew exactly what he meant. Through the stars, she had always searched for something, an answer, a meaning, a light. But that night, she realized that sometimes, the answers don't come from the heavens. They come from the people we meet, from the moments we share.

The little girl, her eyes glowing with wonder, turned to Camille and asked in a soft voice, "Do you think the stars see Christmas, like we do?"

Camille smiled, moved by the simplicity and depth of the question. "Maybe they see everything," she replied gently. "Maybe they watch over us with kindness, just as we look at them, hoping to find a bit of magic."

The night passed, filled with laughter and discoveries, each person observing the celestial wonders in their own way. The children, fascinated by the moon, pointed at the craters, while the father told ancient stories about the stars, legends he had learned in his youth. The mother, meanwhile, had sat on a bench, her eyes lost in the Milky Way, seeming to be enveloped by the magic of the moment.

When midnight arrived, Camille felt a deep serenity. She realized that this Christmas, she wasn't alone in looking at the stars. This moment shared with this family, these human beings so close yet so different, had brought an unexpected warmth to her heart. The stars, those distant guardians of the universe, were there for everyone, but that night, they had brought together two worlds: that of Camille, the solitary astronomer, and that of this family in search of light.

And in that peaceful silence, under the twinkling Christmas skies, Camille knew that sometimes the greatest discoveries are not of the stars, but of the human connections we make, so fleeting and yet infinitely precious.

Le Secret de Mademoiselle Jeanne

———

Le village de Saint-Clément, avec ses rues pavées et ses maisons en pierre, semblait figé dans le temps, comme suspendu entre le passé et le présent. Chaque année, à Noël, les habitants se réunissaient dans la grande salle des fêtes, décorée de guirlandes scintillantes et d'un sapin majestueux. C'était l'occasion de partager un repas, de chanter des cantiques et de vivre des moments de convivialité. Mais cette année-là, l'atmosphère serait différente. Une révélation allait bouleverser la tranquillité de ce village si paisible.

Mademoiselle Jeanne, une vieille dame aux cheveux argentés et au regard mystérieux, était une figure bien connue à Saint-Clément. Vivant seule dans une maison isolée en bordure du village, elle semblait être l'incarnation du secret. Personne ne savait vraiment d'où elle venait, ni pourquoi elle avait choisi de vivre dans ce village reculé. Les rumeurs allaient bon train, mais Mademoiselle Jeanne ne se laissait jamais démonter. Elle était d'un calme olympien, un peu comme un livre dont les pages étaient soigneusement fermées, attendant un lecteur qui oserait en découvrir le contenu.

Ce soir-là, la salle des fêtes était remplie de voix joyeuses et de rires. Les villageois échangeaient des vœux de Noël, tandis que le vin chaud et les tartes aux pommes circulaient. Mademoiselle Jeanne était assise seule à une table, observant les autres avec un léger sourire. Elle ne participait pas activement aux conversations, préférant rester en retrait, mais son regard perçant ne manquait rien de ce qui se passait autour d'elle.

Tout à coup, une lueur étrange traversa son visage. Elle se leva lentement, ses talons résonnant sur le sol en bois de la salle. Les conversations cessèrent aussitôt, et tous les regards se tournèrent vers elle. Les yeux des villageois brillaient d'une curiosité mêlée de respect, et, dans un silence presque absolu, Mademoiselle Jeanne s'avança jusqu'au centre de la pièce. Un frisson parcourut la salle. Quelque chose de rare, de précieux, semblait se préparer.

Elle attendit un moment, comme si elle mesurait les mots qu'elle allait prononcer. Puis, d'une voix douce, mais ferme, elle commença :

« Mes chers amis, je vous remercie de votre accueil, de votre chaleur et de votre amitié tout au long de l'année. Mais ce soir, je souhaite partager avec vous une histoire... une histoire que je garde dans mon cœur depuis bien longtemps. »

Un murmure d'étonnement parcourut la salle. Mademoiselle Jeanne n'était pas du genre à raconter des histoires. Elle avait toujours été une spectatrice silencieuse des festivités, et voilà qu'elle prenait la parole pour la première fois, de manière si solennelle.

« Il y a des années, » continua-t-elle, « j'étais une jeune femme comme vous tous, pleine de rêves et d'espoirs. Je vivais dans une autre ville, un endroit très différent d'ici, un lieu où les lumières de Noël brillaient plus fort, où les rues étaient bondées et où l'on ne savait jamais si l'on croiserait un vieil ami ou un inconnu. Mais ce Noël-là, il y a plus de cinquante ans, a changé ma vie à jamais. »

Les villageois écoutaient attentivement. Mademoiselle Jeanne ferma les yeux un instant, comme si elle cherchait à raviver un souvenir lointain.

« J'étais amoureuse. » dit-elle, d'une voix plus basse, presque inaudible. « Amoureuse d'un homme, un homme que j'avais rencontré pendant les fêtes. Nous nous étions retrouvés chaque année à Noël, attirés l'un par l'autre comme deux étoiles filantes destinées à se croiser dans l'obscurité de la nuit. Nous étions heureux, nous étions jeunes. Mais un soir, au cours d'une fête de Noël, il m'a dit qu'il devait partir... Il avait reçu une offre d'un autre pays, une opportunité qu'il ne pouvait refuser. Il est parti, et je n'ai jamais eu de nouvelles. »

Le silence dans la salle était profond, chaque personne suspendue aux paroles de Mademoiselle Jeanne. Elle sembla hésiter un instant avant de poursuivre.

« Je suis restée là, dans la ville, dans notre maison. Les années ont passé, et j'ai continué ma vie, mais je n'ai jamais oublié ce Noël, ni l'homme que j'aimais. »

Elle prit une grande inspiration, comme si elle relâchait une pression accumulée depuis des décennies.

« Ce que je n'ai jamais dit à personne, » ajouta-t-elle enfin, les yeux brillant d'une lueur qu'aucun d'eux n'avait jamais vue, « c'est que cet homme... cet homme m'a écrit une lettre, juste avant de partir. Il m'a dit qu'il m'aimait, mais qu'il ne pouvait pas revenir.

Et dans cette lettre, il m'a demandé de garder un secret : si un jour, je revenais à Saint-Clément, je devais rendre un service à une personne ici, et ainsi, le cercle serait complet. »

Les villageois se regardèrent, étonnés, cherchant à comprendre le sens de ces mots. Mademoiselle Jeanne les regarda un à un, puis ajouta :

« Ce secret, je l'ai gardé pendant toutes ces années. Je l'ai nourri dans mon cœur, comme une flamme fragile. Mais ce soir, j'ai décidé qu'il était temps de le partager. Ce Noël, je veux que nous fêtions ensemble cette histoire, cette promesse qui n'a jamais été oubliée. Parce que le véritable cadeau de Noël, mes amis, c'est l'amour, les souvenirs et la communauté. Et c'est avec vous, ici, ce soir, que je veux enfin libérer ce secret. »

Les villageois étaient en émoi, touchés par la profondeur et la sincérité de ses paroles. Puis, dans un élan de solidarité, un par un, ils se levèrent et vinrent la rejoindre, l'entourant d'un cercle de chaleur humaine. Mademoiselle Jeanne, autrefois perçue comme l'énigmatique solitaire, était désormais au centre de la communauté, et son secret, bien que mystérieux, avait créé un lien entre eux tous, plus fort que les années passées.

Ce Noël-là, à Saint-Clément, la magie résidait dans le partage d'un secret vieux de plusieurs décennies, une révélation qui apportait à chacun un peu plus de lumière et d'humanité dans le froid hivernal. Et, pour Mademoiselle Jeanne, il n'y avait plus de solitude, juste une chaleur enveloppante, issue de l'amour et de la mémoire collective.

Mademoiselle Jeanne's Secret

The village of Saint-Clément, with its cobbled streets and stone houses, seemed frozen in time, suspended between the past and the present. Every year, at Christmas, the villagers would gather in the large community hall, decorated with sparkling garlands and a majestic tree. It was an occasion to share a meal, sing carols, and enjoy moments of togetherness. But that year, the atmosphere would be different. A revelation was about to shake the tranquility of this peaceful village.

Mademoiselle Jeanne, an elderly woman with silver hair and a mysterious gaze, was a well-known figure in Saint-Clément. Living alone in a secluded house on the outskirts of the village, she seemed to be the very embodiment of secrecy. No one really knew where she came from or why she had chosen to live in this remote village. Rumors were plentiful, but Mademoiselle Jeanne never let them disturb her. She was of an Olympian calm, much like a book with its pages carefully closed, waiting for a reader bold enough to uncover its contents.

That evening, the community hall was filled with cheerful voices and laughter. The villagers exchanged Christmas wishes, while hot wine and apple pies were passed around. Mademoiselle Jeanne sat alone at a table, watching others with a slight smile. She didn't actively participate in the conversations, preferring to remain on the sidelines, but her piercing gaze missed nothing of what was happening around her.

Suddenly, an odd gleam crossed her face. She slowly stood up, her heels echoing on the wooden floor of the hall. Conversations immediately ceased, and all eyes turned toward her. The villagers' eyes shone with curiosity mixed with respect, and in an almost absolute silence, Mademoiselle Jeanne made her way to the center of the room. A shiver ran through the hall. Something rare, something precious, seemed to be preparing.

She waited a moment, as if measuring the words she was about to speak. Then, in a soft but firm voice, she began:

"My dear friends, I thank you for your warm welcome, your kindness, and your friendship throughout the year. But tonight, I wish to share with you a story... a story I've kept in my heart for a very long time."

A murmur of astonishment rippled through the room. Mademoiselle Jeanne was not one to tell stories. She had always been a quiet observer of the festivities, and now, for the first time, she was speaking, so solemnly.

"Many years ago," she continued, "I was a young woman just like all of you, full of dreams and hopes. I lived in another city, a very different place from here, a place where the Christmas lights shone brighter, where the streets were crowded, and where you never knew if you'd bump into an old friend or a stranger. But that Christmas, more than fifty years ago, changed my life forever."

The villagers listened attentively. Mademoiselle Jeanne closed her eyes for a moment, as if trying to rekindle a distant memory.

"I was in love," she said, her voice softer, almost inaudible. "In love with a man, a man I had met during the festivities. We would find each other every year at Christmas, drawn to one another like two shooting stars destined to cross paths in the darkness of the night. We were happy, we were young. But one evening, during a Christmas celebration, he told me he had to leave... He had received an offer from another country, an opportunity he could not refuse. He left, and I never heard from him again."

The silence in the room was profound, each person hanging on Mademoiselle Jeanne's words. She seemed to hesitate for a moment before continuing.

"I stayed there, in the city, in our house. The years passed, and I continued my life, but I never forgot that Christmas, nor the man I loved."

She took a deep breath, as though releasing a pressure built up over decades.

"What I never told anyone," she added finally, her eyes shining with a light none of them had ever seen, "is that this man... this man wrote me a letter just before he left. He told me he loved me, but that he could not return. And in that letter, he asked me to keep a secret: if one day I returned to Saint-Clément, I had to do a service for someone here, and thus, the circle would be complete."

The villagers exchanged glances, astonished, trying to understand the meaning of her words. Mademoiselle Jeanne looked at each of them, then added:

"I've kept this secret all these years. I've nurtured it in my heart like a fragile flame. But tonight, I've decided it's time to share it. This Christmas, I want us to celebrate together this story, this promise that has never been forgotten. Because the true gift of Christmas, my friends, is love, memories, and community. And it is with you, here tonight, that I finally wish to release this secret."

The villagers were moved, touched by the depth and sincerity of her words. Then, in an outpouring of solidarity, one by one, they stood up and came to join her, surrounding her in a circle of human warmth. Mademoiselle Jeanne, once seen as the enigmatic loner, was now at the center of the community, and her secret, though mysterious, had forged a bond between them all, stronger than the years that had passed.

That Christmas, in Saint-Clément, the magic lay in the sharing of a secret that had been kept for decades, a revelation that brought each person a little more light and humanity in the cold winter night. And for Mademoiselle Jeanne, there was no more solitude, only an enveloping warmth, born of love and collective memory.

Les Vœux

Dans un petit village du sud de la France, au cœur de la campagne, vivaient Rémi et Lucie, deux frères et sœurs unis par un lien spécial. Chaque année, comme une tradition, ils se retrouvaient autour du sapin de Noël, entourés des guirlandes étincelantes et des odeurs de chocolat chaud. Et à chaque Noël, ils formulaient le même vœu : celui de pouvoir réaliser leurs rêves.

Rémi, le grand frère, avait toujours rêvé d'être musicien. Il passait ses journées à jouer de la guitare et à écrire des chansons dans sa chambre, un peu trop bruyante pour leur mère, mais trop pleine de passion pour qu'il y renonce. Lucie, la cadette, rêvait quant à elle de devenir une grande cheffe cuisinière, capable de créer des plats exceptionnels qui feraient voyager les papilles de tous ceux qui les goûteraient. Chaque année, ils soufflaient leurs vœux sur leurs bougies d'anniversaire en espérant que, cette fois-ci, quelque chose se réaliserait.

Mais l'année 2024 allait être différente. Le soir de Noël, la famille de Rémi et Lucie était réunie chez leurs grands-parents, comme à l'accoutumée. La grande table en bois était couverte de plats délicieux préparés par la grand-mère, et les enfants se chamaillaient joyeusement autour des desserts. Les parents étaient souriants, bien qu'un peu fatigués par les préparatifs.

Lucie, les yeux pétillants de malice, observa son frère en train de jouer de la guitare près du feu de cheminée. Elle s'assit à côté de lui et dit :

« Et si cette année, nos vœux se réalisaient, Rémi ? »

Rémi haussait les épaules en souriant.

« Tu sais bien, Lucie, que nos rêves sont un peu trop grands pour notre petit village. Mais c'est ce qui les rend spéciaux, non ? » répondit-il en continuant à jouer une mélodie douce et rêveuse.

Lucie le regarda pensivement, puis se tourna vers la fenêtre. La neige tombait doucement, recouvrant la campagne d'un manteau blanc, donnant au paysage une tranquillité presque magique. C'était Noël, et malgré leurs rêves un peu fous, il y avait quelque chose de réconfortant dans la simplicité de ce moment.

Soudain, la porte d'entrée s'ouvrit dans un grand bruit. Le père de Rémi et Lucie entra, un grand sourire aux lèvres, portant un paquet imposant sous le bras. Il se dirigea vers eux et dit :

« Vous ne devinerez jamais ce que j'ai ramené pour vous, les enfants ! »

Lucie fronça les sourcils, intriguée. Rémi s'arrêta de jouer et regarda son père, qui déposait le paquet devant eux. Ils se penchèrent tous deux en avant, impatients de découvrir ce qu'il y avait à l'intérieur.

Le père sourit, un peu mystérieux, puis ouvrit le paquet. À l'intérieur, il y avait une grande boîte en bois, ornée de motifs en relief. Lorsqu'ils l'ouvrirent, ils découvrirent une vieille guitare, magnifiquement décorée, avec une inscription gravée à l'intérieur : « Pour Rémi, pour que tes rêves prennent vie. » À côté, il y avait une belle toque de chef et un couteau de cuisine de qualité, avec un message similaire : « Pour Lucie, pour que ta passion devienne réalité. »

Rémi et Lucie restèrent bouche bée, leurs yeux brillants de surprise et de bonheur.

« Mais... comment avez-vous su ? » s'exclama Lucie, émue.

Le père s'assit à côté d'eux, son sourire bienveillant éclairant son visage. « Eh bien, j'ai entendu vos vœux chaque année. Vous croyez vraiment que je ne vous ai pas entendus ? » dit-il, un clin d'œil malicieux. « Cette année, nous avons décidé de vous offrir un petit coup de pouce pour réaliser vos rêves. »

La mère arriva alors, apportant une grande assiette de biscuits de Noël, et s'assit avec eux. Elle ajouta : « Vous avez toujours été prêts à faire des sacrifices, à travailler dur. Il est temps que vos rêves commencent à prendre forme, mes chéris. »

Lucie, les yeux humides, se tourna vers Rémi. « On va y arriver, Rémi. Nos rêves, on va les vivre ensemble. »

Rémi sourit, son cœur gonflé de gratitude. Il attrapa la guitare, en joua quelques accords, puis regarda sa sœur. « Et toi, Lucie, tu vas être la cheffe la plus célèbre du monde. »

La famille se serra les uns contre les autres, et le moment, aussi simple que magique, les réunit dans un sentiment de chaleur et de complicité. Ce Noël-là, Rémi et Lucie comprirent que parfois, il n'était pas nécessaire d'attendre la magie des vœux pour voir ses rêves se réaliser. Parfois, la magie venait d'un soutien inébranlable, d'une famille qui croyait en vous et vous donnait les moyens de grandir.

Et tandis que la neige tombait doucement dehors, les rêves de Rémi et Lucie semblaient soudainement à portée de main.

The Wishes

In a small village in the south of France, nestled in the heart of the countryside, lived Rémi and Lucie, two siblings bound by a special connection. Every year, like a tradition, they would gather around the Christmas tree, surrounded by sparkling garlands and the smells of hot chocolate. And each Christmas, they would make the same wish: to be able to make their dreams come true.

Rémi, the older brother, had always dreamed of becoming a musician. He spent his days playing the guitar and writing songs in his room, a bit too noisy for their mother, but too full of passion for him to give up. Lucie, the younger sister, dreamed of becoming a great chef, able to create exceptional dishes that would make everyone's taste buds travel. Every year, they would blow out their birthday candles, hoping that this time, something would come true.

But the year 2024 would be different. On Christmas Eve, Rémi and Lucie's family gathered at their grandparents' house, as usual. The large wooden table was covered with delicious dishes prepared by their grandmother, and the children playfully bickered around the desserts. The parents were smiling, though a bit tired from all the preparations.

Lucie, her eyes sparkling with mischief, watched her brother playing the guitar near the fireplace. She sat beside him and said:

"What if this year, our wishes came true, Rémi?"

Rémi shrugged, smiling.

"You know, Lucie, our dreams are a bit too big for our little village. But that's what makes them special, right?" he replied, continuing to play a soft, dreamy melody.

Lucie looked at him thoughtfully, then turned toward the window. Snow was falling gently, covering the countryside in a white blanket, giving the landscape an almost magical tranquility. It was Christmas, and despite their rather ambitious dreams, there was something comforting in the simplicity of the moment.

Suddenly, the front door opened with a loud bang. Rémi and Lucie's father entered, a big smile on his face, carrying a large package under his arm. He walked toward them and said:

"You'll never guess what I brought you, kids!"

Lucie furrowed her brow, intrigued. Rémi stopped playing and looked at his father, who placed the package in front of them. They leaned forward, eager to see what was inside.

The father smiled mysteriously, then opened the package. Inside was a large wooden box, adorned with embossed patterns. When they opened it, they found an old guitar, beautifully decorated, with an inscription inside: "For Rémi, so your dreams come true." Beside it was a beautiful chef's hat and a high-quality kitchen knife, with a similar message: "For Lucie, so your passion becomes reality."

Rémi and Lucie stared in awe, their eyes shining with surprise and happiness.

"But... how did you know?" Lucie exclaimed, touched.

The father sat down next to them, his kind smile lighting up his face. "Well, I've been hearing your wishes every year. Do you really think I haven't heard you?" he said with a playful wink. "This year, we decided to give you a little push to help make your dreams come true."

Then, their mother entered with a large plate of Christmas cookies and sat down with them. She added, "You've always been ready to make sacrifices and work hard. It's time for your dreams to start taking shape, my dears."

Lucie, her eyes wet with emotion, turned to Rémi. "We're going to make it, Rémi. Our dreams, we'll live them together."

Rémi smiled, his heart full of gratitude. He picked up the guitar, played a few chords, and then looked at his sister. "And you, Lucie, you're going to be the most famous chef in the world."

The family huddled close to one another, and the moment, as simple as it was magical, brought them together in a feeling of warmth and solidarity. That Christmas, Rémi and Lucie realized that sometimes, it wasn't necessary to wait for the magic of wishes to see their dreams come true. Sometimes, the magic came from unwavering support, from a family that believed in you and gave you the means to grow.

And as the snow fell gently outside, Rémi and Lucie's dreams suddenly seemed within reach.

La Dernière Nuit de Madame Renard

———

Dans la vieille maison en pierre au bout du village, Madame Renard passait une fois de plus Noël seule. La neige recouvrait le paysage, recollant les morceaux d'un monde figé dans le silence, et à travers les fenêtres embuées de sa chambre, la lumière des lanternes de Noël se reflétait doucement sur la neige tombante. La grande horloge du salon marquait une heure solitaire, et, dans le calme de la maison, l'hiver semblait s'étendre à l'infini.

Madame Renard, une femme âgée aux cheveux d'argent et au regard serein, se tenait près de la cheminée, une tasse de thé refroidissant lentement entre ses mains. Elle se souvenait des Noëls passés, ceux où la maison résonnait des rires de ses enfants, des bruits de vaisselle et des chansons de Noël chantées à tue-tête autour du sapin. Mais cette année, tout était différent. Ses enfants étaient partis, eux aussi, comme son mari, emportés par le flot des années. Elle n'attendait plus de visites, pas même un geste, juste le murmure du vent qui glissait contre les volets fermés.

La chaleur du feu dansait sur les murs, mais il n'y avait plus de chaleur humaine dans la maison. Elle ferma les yeux, et ses pensées se mirent à voguer, comme des feuilles emportées par une brise douce mais persistante. Son mari, Henri, était parti il y a plusieurs hivers, mais la douleur de sa perte ne s'était jamais dissipée. Elle se souvint des jours où ils s'étaient promenés ensemble sous les grands arbres, de leurs conversations à voix basse, des petites habitudes partagées, ces gestes d'intimité qu'elle avait appris à chérir. Elle se souvint aussi de la chaleur de ses bras autour d'elle, et de l'éclat de son rire qui semblait toujours éclairer la pièce.

Et puis il y avait ses enfants, avec leurs propres vies désormais, leurs propres Noël aux quatre coins du monde. Ils avaient grandi si vite, devenus des adultes avec des priorités différentes, et Madame Renard ne pouvait s'empêcher de se demander si elle avait fait tout ce qu'il fallait pour qu'ils se sentent un peu plus proches d'elle, même après tous ces départs.

Dans la lumière tamisée de la pièce, une vision soudaine se forma dans son esprit. Henri était là, debout devant elle, avec son sourire tranquille. Il semblait ne jamais être parti. Il la regardait de ses yeux tendres, son visage marqué par les années mais toujours aussi doux, comme s'il n'avait jamais disparu. Elle se leva doucement, comme pour le rejoindre, mais il s'effaça lentement, une illusion fugace, laissée derrière par ses souvenirs.

Une brume légère de tristesse s'installa dans son cœur, mais elle n'éprouvait plus de colère, ni de frustration. Ces émotions s'étaient dissipées avec le temps, remplacées par une acceptation profonde. La vie, dans toute sa beauté et ses imperfections, s'était écoulée devant elle comme un livre ouvert, et elle en avait fait partie, une page parmi tant d'autres.

Le regard de Madame Renard se perdit à nouveau dans les flammes, qui crépitaient doucement, mais il y avait une paix en elle désormais. Elle se souvint des petites joies, des détails qui avaient fait sa vie – la brise fraîche du matin, les fleurs du jardin, les lettres écrites et reçues, les repas partagés autour d'une table. La beauté de ces instants simples, mais précieux, se dévoilait dans toute sa splendeur.

Elle s'assit près de la cheminée, les yeux fermés, et écouta le silence de la maison. Une paix profonde l'envahit alors, une paix qu'elle n'avait pas connue depuis longtemps, peut-être même jamais. Ce Noël-là, elle avait compris que le véritable héritage de sa vie ne résidait pas dans les souvenirs éclatants ou dans les grands gestes, mais dans les petites choses, dans les instants de calme et de solitude partagés avec ceux qu'elle avait aimés. Son héritage était dans les souvenirs tranquilles de ceux qui l'avaient entourée, dans les vies qu'elle avait façonnées et aimées.

Le vent soufflait doucement à l'extérieur, et à travers les fenêtres, Madame Renard pouvait voir les étoiles qui brillaient dans le ciel clair de cette nuit d'hiver. C'était la fin d'une époque, la dernière nuit de Noël dans cette maison, mais elle se sentait prête à laisser partir tout ce qui devait l'être.

À mesure que le feu se réduisait à des cendres, elle sourit doucement, une dernière pensée pour Henri et pour ceux qu'elle avait aimés, avant de fermer les yeux, paisible, entourée de leurs souvenirs. Et dans ce silence serein, le monde semblait s'arrêter, juste un instant, pour lui offrir la paix qu'elle avait tant cherchée.

Ce Noël-là, Madame Renard avait trouvé ce qu'elle cherchait depuis si longtemps : la beauté et la tranquillité d'une vie bien vécue, dans l'ombre douce des souvenirs et de l'amour.

Madame Renard's Last Night

In the old stone house at the edge of the village, Madame Renard spent yet another Christmas alone. The snow blanketed the landscape, piecing together a world frozen in silence, and through the fogged-up windows of her room, the light from the Christmas lanterns gently reflected on the falling snow. The large clock in the living room struck a solitary hour, and in the stillness of the house, winter seemed to stretch on forever.

Madame Renard, an elderly woman with silver hair and a serene gaze, stood near the fireplace, a cup of tea cooling slowly in her hands. She thought back to the Christmases of the past, when the house had echoed with the laughter of her children, the clattering of dishes, and the carols sung loudly around the Christmas tree. But this year, everything was different. Her children were gone, as was her husband, swept away by the years. She no longer expected visitors, not even a gesture, just the whisper of the wind sliding against the closed shutters.

The warmth of the fire danced on the walls, but there was no human warmth in the house. She closed her eyes, and her thoughts began to drift, like leaves carried by a soft but persistent breeze. Her husband, Henri, had passed away several winters ago, but the pain of his loss had never truly faded. She remembered the days when they would walk together under the tall trees, their quiet conversations, the small habits they shared, those intimate gestures she had learned to cherish. She remembered the warmth of his arms around her and the brightness of his laugh, which seemed to light up the room.

Then there were her children, now with their own lives, their own Christmases scattered across the world. They had grown so quickly, become adults with different priorities, and Madame Renard couldn't help but wonder if she had done everything she could to make them feel a little closer to her, even after all their departures.

In the soft light of the room, a sudden vision formed in her mind. Henri was there, standing in front of her, with his quiet smile. He seemed as if he had never left. He looked at her with tender eyes, his face marked by the years but still as gentle as ever, as if he had never disappeared. She stood up slowly, as though to join him, but he faded slowly, a fleeting illusion, left behind by her memories.

A light mist of sadness settled in her heart, but she no longer felt anger or frustration. These emotions had dissipated over time, replaced by a deep acceptance. Life, in all its beauty and imperfections, had unfolded before her like an open book, and she had been a part of it, just one page among many.

Madame Renard's gaze drifted back to the flames, which crackled softly, but there was now a peace within her. She remembered the small joys, the details that had made her life – the fresh morning breeze, the flowers in the garden, the letters written and received, the meals shared around a table. The beauty of these simple, yet precious moments revealed itself in all its splendor.

She sat by the fireplace, her eyes closed, and listened to the silence of the house. A deep peace overtook her, a peace she had not known in a long time, perhaps never before. That Christmas, she understood that the true legacy of her life was not found in grand memories or gestures, but in the little things, in the quiet moments and solitude shared with those she had loved. Her legacy was in the peaceful memories of those who had surrounded her, in the lives she had shaped and loved.

The wind blew gently outside, and through the windows, Madame Renard could see the stars shining in the clear winter sky. It was the end of an era, the last Christmas night in this house, but she felt ready to let go of everything that needed to be.

As the fire dwindled down to ashes, she smiled softly, offering a final thought for Henri and for those she had loved, before closing her eyes, peaceful, surrounded by their memories. And in this serene silence, the world seemed to stop, if only for a moment, to give her the peace she had long sought.

That Christmas, Madame Renard had found what she had been searching for all along: the beauty and tranquility of a life well-lived, in the gentle shadow of memories and love.